Bibliografische Information der Deutschen Nationalbibliothek:

Die Deutsche Bibliothek verzeichnet diese Publikation in der Deutschen National-bibliografie; detaillierte bibliografische Daten sind im Internet über http://dnb.d-nb.de/ abrufbar.

Impressum:

Copyright © 2015 GRIN Verlag
Druck und Bindung: Books on Demand GmbH, Norderstedt Germany
ISBN: 9783656929819

Dieses Buch bei GRIN:

https://www.grin.com/document/295161

Jens-Uwe Hammann

Cloudsysteme und Datenschutz

Innovative Themen der Wirtschaftsinformatik

GRIN Verlag

Jens-Uwe Hammann

Assignment WIN03

Innovative Themen der Wirtschaftsinformatik

Thema:

Cloudsysteme und Datenschutz

Neubulach, den 01.03.2015

Inhaltsverzeichnis

1. Einleitung

Der Begriff Cloud, bzw. Cloud Computing an sich ist eher etwas irreführend, denn die Thematik hat eigentlich gar nichts mit dem Wetter (Cloud = Wolke) zu tun. Er soll vielmehr die Nutzung einer Rechnerumgebung darstellen, die nicht wirklich greifbar ist, dafür aber überall vorhanden und nutzbar. Auf den ersten Blick hört sich das etwas widersprüchlich an, wird aber im Folgenden noch näher erläutert.

Die Cloud ist eine virtuelle Oberfläche, die sowohl Rechenleistung, Speicherplatz und Applikationen zur Verfügung stellen kann und das immer und überall. Zumindest versprechen dies die Anbieter solcher Cloudsysteme. Natürlich gibt es zu all diesen Dingen reale, physische Komponenten, diese werden dem Nutzer aber nur bei Bedarf zugeteilt und können nahezu beliebig skaliert werden. Die Möglichkeiten der ständigen telefonischen Verfügbarkeit wurden mit dem Handy realisiert. Nun bietet die Cloud den nächsten Schritt als Systemarchitektur an, alle meine Daten, Programme, sogar meiner ganzer PC kann ich über die Cloud an allen Orten der Welt nutzen. Einzige Voraussetzung, ein Netzwerkanschluss und Zugriff auf das Internet.

1.1 Zielsetzung

Dieses Assignment beschäftigt sich mit der Cloud im Allgemeinen, d.h. den Serviceprofilen und Organisationsarten. Dabei werden die verschiedenen Systeme kurz vorgestellt und näher erläutert. Zusätzlich soll die Nutzung sowie deren Vor- und Nachteile auch im Hinblick auf den Datenschutz beispielhaft an einer öffentlichen Verwaltung beschrieben werden.

1.2 Abgrenzung

Die Cloud Thematik ist gerade im Bereich des Datenschutzes nahezu unbegrenzt. Dieses Assignment hat nicht den Anspruch alle Nutzungsmöglichkeiten und Gefahren der Cloud aufzuzeigen, dafür ist der Rahmen eines Assignments deutlich zu klein. Ich habe einige aktuelle Fragen aufgegriffen und versuche anhand dieser die Verwendung der Cloud innerhalb der Verwaltung darzustellen. Dabei liegt das Hauptaugenmerk auf der Nutzung als Storagesystem und Applikationsplattform.

2. Cloud Computing

Für viele ist der Begriff Cloud oder Cloud Computing in erster Linie mit der Nutzung von Speicherplatz im Internet verbunden. Das liegt hauptsächlich daran, dass die meisten Internetnutzer keine Unternehmen sondern Privatpersonen sind. Diese benötigen weder zusätzliche Rechenleistung für komplexe Berechnungsvorgänge, noch wollen Sie ihre Applikationen im Web entwickeln oder für ein paar Familienrechner zur Verfügung stellen. Für Privatpersonen liegt der Hauptnutzen in der Möglichkeit, Daten im Netz abzulegen um überall (hauptsächlich außerhalb des eigenen Netzwerkes) darauf zugreifen zu können. Sicher könnte man das auch mit dem eigenen PC bewerkstelligen, allerdings ist der Aufwand dafür meistens zu hoch bzw. die Nutzung eines Cloud-Dienstes einfach bequemer. Der ursprüngliche Gedanke der Cloud geht aber eher in die Richtung der Skalierungsfähigkeit mithilfe zusätzlicher Ressourcen, z.B. in Form von angemieteten Server, respektive deren Rechenleistung und Speicherplatz.[1] Um Cloud-Systeme zu klassifizieren unterscheidet man zunächst zwischen den verschiedenen Serviceprofilen und den unterschiedlichen Organisationsformen.

2.1 Cloud Serviceprofile

2.1.1 Infrastructure as a Service (IaaS)

Der Begriff des Infrastructure as a Service, also in etwa „Infrastruktur als Dienstleistung", lässt sich grundsätzlich als Bereitstellung von Ressourcen wie z.B. Speicherplatz, Netzkapazität oder Rechenleistung verstehen.[2] Dabei geht es darum, dass dem Nutzer eine nahezu grenzenlose Möglichkeit der Skalierbarkeit zu Verfügung steht und er diese genau dann nutzen kann wenn es das jeweilige Unternehmenswachstum gerade erfordert. Der Vorteil daran ist, dass nicht selbst die teure Hardware beschafft werden muss, sondern diese bequem bei einem Serviceprovider angemietet werden kann. Das Unternehmen hat volle Kostenkontrolle durch vertragliche Vereinbarungen und kann die zusätzlichen Ressourcen nun für die entsprechende „Stoßzeit" verwenden. Werden diese dann nicht mehr benötigt, wird der Service nicht

---

[1] Vgl. Hansen und Neumann, Wirtschaftsinformatik 1, S.165
[2] Vgl. Terplan und Voigt, Cloud Computing, S. 144

mehr in Anspruch genommen. Die selbstbeschaffte Hardware würde nun brachliegen, und im Prinzip nur Platz in Anspruch nehmen sowie unnötig Kapital binden. Als Anbieter sind hier insbesondere Amazon (Amazon Web Services) sowie IBM (IBM Cloud Services) zu nennen. Allerdings bieten gerade im Öffentlichen Dienst viele kommunale Rechenzentren eigene Cloud Services an. Viele der kommunalen Verwaltungen betreiben aus Kostengründen keine eigene IT mehr. Das schafft Kostenklarheit und die Rechenleistung ist bei Bedarf anpassbar. Als lokales System genügt ein Thin-Client der eine Verbindung, beispielsweise über CITRIX, zur Cloud herstellt; somit erübrigen sich zudem weitere lokale Installationsarbeiten (Office, Acrobat Reader, etc.).

2.1.2 Platform as a Service (PaaS)

Platform as a Service stellt die Cloud als Laufzeit- bzw. Entwicklungsumgebung dar. Dabei bietet es gerade Entwicklern die Möglichkeit Web-Applikationen zu programmieren und in dieser Laufzeitumgebung anzubieten. Der Service wird aktuell von Branchenriesen wie Google (Google App Engine) oder Microsoft (Windows Azure) angeboten, hat aber in der Öffentlichkeit nicht den Bekanntheitsgrad wie die Services im Infrastructure - oder Application - Bereich. Das größte Problem hierbei, ist die fehlende Standardisierung und somit die enge Plattformbezogenheit.[3] Ähnlich der Applikationen für Smartphones (iOS, Android, WindowsPhone,...) sollte ein Programmierer eine Lösung nicht nur für eine, sondern zumindest für zwei oder drei Plattformen anbieten um Sie für einen größeren Kundenkreis interessant zu machen.

2.1.3 Software as a Service (SaaS)

Neben der Beschaffung von Hardware, den Lizenzen und der Software ist die Arbeitskraft der dritte Kostenfaktor für eine erfolgreiche Bereitstellung eines Computerarbeitsplatzes. Dabei ist es insbesondere die Zeit, welche der Administrator dafür verwendet die Software im System zu integrieren und zu verteilen. Der Aufwand geht von der lokalen Installation über die Verteilung

---

[3] Vgl. Terplan und Voigt, Cloud Computing, S. 155

per GroupPolicies und MSI-Installationspakete bis hin zur Einmalinstallation an einem Terminalserver. Der letzte Punkt geht schon in Richtung der Thematik Software as a Service; hierbei handelt es sich um die Bereitstellung von Software und der im Hintergrund notwendigen IT-Infrastruktur in der Cloud.[4] Ein gutes Beispiel hierfür, ist die Möglichkeit Microsoft Office Produkte wie Word, Excel oder PowerPoint direkt in der Cloud zu nutzen (MS Office365). Eine lokale Installation erübrigt sich, einzig ein ausreichender Internetzugang ist notwendig. Das Lizenzmodell der Anbieter ist recht einfach, der User bezahlt entweder nach Nutzung oder direkt für eine entsprechende Dauer ähnlich einer Jahresmitgliedschaft in einem Verein. Es gibt auch noch andere Lizenzierungsmodelle, wobei die oben genannten die am stärksten verbreiteten sind.

Zusätzlich zu den oben beschriebenen Cloud-Serviceprofilen, gibt es noch weitere wie z.B. Storage as a Service oder Security as a Service.[5] Auf diese soll hier aber nicht weiter eingegangen werden.

2.2 Cloud Organisationsarten

Neben den verschiedenen Cloud-Serviceprofilen, also den Möglichkeiten welche die Cloud den Unternehmen bietet, unterscheidet man noch die eigentliche Organisation bzw. das damit verbundene Nutzerspektrum und die Möglichkeiten des Zugriffs auf die Cloud. Die Aufstellung beginnt bei der engsten Form, d.h. der Form mit dem kleinsten Benutzerkreis und somit auch der stärksten Möglichkeit der Zugriffs- und Zutrittskontrolle bis hin zur öffentlichen Lösung für alle Internetnutzer.

2.2.1 Private Clouds

Die Private Cloud ist „persönlichste" Organisationsform, in der Regel handelt es sich um einen eingegrenzten Benutzer- und Anwendungsbereich innerhalb einer Organisation bzw. im selben Netz.[6] Realisiert werden solche Modelle meist durch Unternehmen oder Vereine, welche eine einheitliche Ablage bzw. Arbeitsoberfläche für Mitarbeiter und Mitglieder verwenden möchten.

---

[4] Vgl. Laudon et. al., Wirtschaftsinformatik, S. 218
[5] Vgl. Terplan und Voigt, Cloud Computing, S. 144
[6] Vgl. Metzger et. al., Cloud Computing, S. 18

Oftmals dient diese Variante als Basis für Erweiterungen des Produkt- oder Dienstleistungsportfolios, welches zunächst innerhalb eines festgelegten Benutzerkreises getestet werden soll. Das klassische Beispiel ist eine Art Tauschbörse oder virtuelles Schwarzes Brett an dem Mitarbeiter Ihre Dokumente ablegen und andere darauf zugreifen bzw. diese weiterbearbeiten können.

Im Bereich der öffentlichen Verwaltung wäre dies bei Arbeiten mit komplexen Workflows wie z.b. Stellungnahmen oder vorbereitende Arbeiten zur späteren Beschlussfassung interessant. Eine gemeinsame Datenablage ist hier bereits obligatorisch, wird aber in der Regel per Fileserver und DFS (Distributed File System) lokal realisiert. Das liegt aber insbesondere an der Datenschutzproblematik, dazu später mehr. Die Nutzung von Terminalservern für Anwendungsprogramme für einen bestimmten Benutzerkreis, hat die lokale Installation von Applikationen bereits abgelöst. Hier ist die nächste Stufe, die Programme in die Cloud (evtl. als Community Cloud) zu „verlegen".

2.2.2 Community Clouds

Der nächste Schritt zum Erweitern des Benutzerkreises, bietet die Variante einer Community Cloud. Es handelt sich zwar immer noch um einen bestimmten Benutzerkreis, der sich allerdings nicht mehr nur auf eine Institution oder Netzwerk beschränkt, sondern z.b. mehrere Firmen einer Branche eine Plattform bietet.[7] Realisiert wurde dies schon des Öfteren im Bereich des Electronic Procurement, d.h. durch den Zusammenschluss mehrerer Unternehmen können bei der Beschaffung bessere Preise erzielt werden bzw. gemeinsame Kataloge genutzt werden. Auch als Plattform bei der gemeinsamen Entwicklung von Produkten, kann ein Filesystem innerhalb einer Community Cloud sehr gut funktionieren. Der Austausch der Daten oder die verteilten Systeme werden durch eine virtuelle Arbeitsplattform erleichtert.

Auch die gemeinsame Nutzung von Ressourcen wie z.B. Speicherplatz oder Rechnerperformance zur Kostenersparnis ist hier möglich. Gerade im Bereich von kleineren Kommunalverwaltungen ohne eigene IT wären der Zu-

---

[7] Vgl. Metzger et. al., Cloud Computing, S. 19

sammenschluss und die Nutzung **eines** Rechenzentrums interessant und erstrebenswert. So nutzen die meisten Behörden die gleichen Programme, da diese dieselben rechtlichen Grundlagen erfüllen müssen. Eine gemeinsame Datenablage müsste dann mit entsprechenden Berechtigungen im Filesystem zwecks des Datenschutzes geregelt werden. So sollte der Sachbearbeiter in der KFZ-Zulassung natürlich nicht Zugriff auf Daten der Sozialhilfe oder der Unterhaltsvorschusskasse erhalten. Aber das ist auch innerhalb einer Verwaltung bereits entsprechend zu regeln.

2.2.3   Public Clouds

Die Public Clouds, also die gänzlich öffentlichen Cloudsysteme sind nicht mehr auf einen bestimmten Benutzerkreis beschränkt, sondern stehen allen zur Verfügung die diesen Dienst in Anspruch nehmen möchten.[8]

Gute Beispiele hierfür sind Google Drive oder Amazon Cloud Drive, sie bieten Speicherkapazität als quasi „Onlineablagemöglichkeit" an. Die ersten paar Gigabyte sind meist kostenlos um entsprechende Kunden anzulocken, größere Dateimengen lassen sich die beiden Branchenriesen allerdings auch gut bezahlen. Möchte ich allerdings immer und überall auf meine Daten zugreifen, ohne dabei ständig eine externe Festplatte mittragen zu müssen, wird hier eine gute Möglichkeit dafür angeboten. Die oben genannten Serviceprofile (IaaS, PaaS und SaaS) werden in der Regel über Public Clouds angeboten und realisiert. Das liegt daran, dass hier der größte Kundenkreis und somit der potenziell größtmögliche Gewinn zu holen ist.

Da insbesondere das Thema Datenschutz in der öffentlichen Verwaltung eine große Rolle spielt, ist mit der Nutzung von Public Clouds entsprechend vorsichtig umzugehen. Sicherlich bietet es hier gerade im Bereich des E-Government und des Anmietens von externer IT-Infrastruktur Möglichkeiten, allerdings muss der Zugriffsschutz unbedingt gewährleistet sein.

---

[8] Vgl. Metzger et. al., Cloud Computing, S. 19

2.2.4 Hybrid Clouds

Wie der Name schon sagt, bildet die hybride Cloudvariante eine Mischung aus privatem und öffentlichem Modell. So können Kunden Teile der Cloud auf einen bestimmten Nutzerkreis beschränken, während sie gleichzeitig über eine Public Cloud Rechnerkapazität und Speicherplatz zur Skalierbarkeit des eigenen Systems nutzen. Der Pluspunkt hierbei ist die Nutzung der Vorteile beider Organisationsarten. Zum Einen der Zugriffsschutz durch einen beschränkten Nutzerkreis, z.B. für die gemeinsame Datenablage. Zum Anderen durch die Nutzung von Ressourcen über die öffentliche Cloud z.B. Rechnerleistung für Batchprozesse. Wie bereits erwähnt, ist die Nutzung von hybriden Cloudsystemen gerade im Bereich der Public Clouds mit Vorsicht zu genießen, der Datenschutz muss hier oberste Priorität genießen.

3. Die Cloud innerhalb der öffentlichen Verwaltung

Um die Verwendungsmöglichkeiten der Cloud innerhalb der öffentlichen Verwaltung darzustellen, orientiere ich mich an den Cloud-Serviceprofilen.

3.1 Einsatzmöglichkeiten von Cloud-Serviceprofilen

3.1.1 IaaS in der öffentlichen Verwaltung

Die spontane Nutzung zusätzlicher Infrastruktur ist im Hinblick auf Spitzenzeiten wie z.B. das Weihnachtsgeschäft im Handel, im öffentlichen Sektor eher nicht gegeben. Allerdings spielt hier der Kostenfaktor im Bereich der Budgetierung und des immer größer werdenden Sparzwanges eine erhebliche Rolle. Die Verwaltungen müssen sich Gedanken machen, wenn eventuelle Neubeschaffungen anstehen bzw. ob die zusätzlich benötigte Leistung nur temporär benötigt wird oder die benötigten Ressourcen nicht vielleicht dauerhaft nur angemietet werden können.Von einer Nutzung externer Infrastrukturen innerhalb des Storage-Bereiches als Public Cloud Lösung ist jedoch aufgrund der oftmals mangelhaften Einhaltung des Datenschutzes abzusehen. Einem Zusammenschluss mehrerer Kommunen mit dem Ziel eine Community Cloud aufzubauen, ist jedoch nichts entgegenzusetzen, sofern auch hier der Zugriffsschutz durch eine geeignete Berechtigungsverwaltung abgesichert ist.

3.1.2   PaaS in der öffentlichen Verwaltung

Die Nutzung der Cloud als Laufzeit- und Entwicklungsumgebung ist in der öffentlichen Verwaltung eher nicht geplant. Das liegt daran, dass die meisten Behörden keine eigenen Applikationen entwickeln und wenn doch, dann in einer Umgebung, die garantiert jeder nutzen kann (schon allein aus rechtlichen Gründen). Es würde keinen Sinn machen, ein neues Verfahren zur Online-Sozialhilfe zu entwickeln, wenn nicht jeder die Möglichkeit hätte diese zu nutzen, bzw. erst gezwungen wäre sich beim jeweiligen Dienstanbieter (Windows, Google, etc.) zu registrieren.

3.1.3   SaaS in der öffentlichen Verwaltung

Die Auslagerung von Applikationen in die Cloud ist sowohl für die Behörde als auch für den Bürger eine interessante Alternative. Die Anwendung wird auf dem Server eines Dienstleisters bereitgestellt, so spart man sich die interne Hardware sowie die lokale Installation auf dem Client PC. Die Pflege, z.B. ein Releasewechsel muss an nur einer Stelle vorgenommen werden. Sicherlich wäre dies auch über eine Terminalserverlösung möglich, allerdings müsste man trotzdem die Hardware lokal vorhalten.

Lagert man eine bestehende Software aus, kann man die frei gewordenen Ressourcen für andere Dinge nutzen bzw. können durch die Nutzung einer in der Cloud verfügbaren Applikation andere Lizenzmodelle generiert und eine genauere Kostenplanung erzielt werden. Ein klassisches Beispiel wären die bereits angesprochenen Microsoft Office Produkte. Die meisten Behörden kaufen die Lizenzen einer Version und betreiben diese bis zur Supportabkündigung durch den Hersteller. Bestes Beispiel hierfür, die „ewige" Nutzung des Betriebssystems Windows XP. Jede neue Version zu kaufen ist - genau wie ein entsprechendes Enterprise Agreement als Alternative - für die meisten kleineren Behörden zu teuer und der jeweiligen Roll-Out auf den Client PCs zu aufwändig. Wird nun aber die Software über eine Cloud bereitgestellt, entfallen all diese Nachteile. Die Software wird für einen bestimmten Zeitraum gemietet (Bsp. Microsoft Office365). Die Bereitstellung, Installation etc. übernimmt der Applikationsanbieter in seiner Cloud. Die Nutzer der Behörde verwenden nur den Browser als Zugriffsmöglichkeit auf Excel, Word oder Outlook. Ist die Mietphase vorbei bzw. gibt es eine neuere Version, wird einfach diese verwendet. Eine Änderung bzw. Installationsarbeiten an den lokalen Clients ist nicht mehr nötig. Sicherlich wird auch dann die Behörde nicht jede neue Version „mitnehmen", die Mitarbeiter müssen auch geschult und in den neuen Versionen eingewiesen werden. Aber die Arbeitsersparnis ist doch deutlich spürbar und sollte in einer eventuellen Kosten – Nutzen – Kalkulation mit berücksichtigt werden.

Die größte Schwierigkeit bei der Nutzung von Applikationen in der Cloud, ist und bleibt aber der Datenschutz. Die Dokumente, die in der Cloud erstellt werden, müssen während der Bearbeitung und nach dem Speichervorgang vor unbefugtem Zugriff geschützt werden.

3.2   Datenschutz in der Cloud

Die Sorgen um den Datenschutz in der Cloud hängen natürlich stark vom Organisationsmodell derselben ab. In einer Privat oder Community Cloud ist die Gefahr nicht so groß, da ich ja eventuell sogar selbst der Betreiber bin, mindestens weiß ich aber wer dieser ist bzw. wo die Cloud physisch vorhanden ist.

Das ist bei einer Public Cloud Lösung ein wenig anders, da die Anbieter oftmals die notwendige Hardware im Ausland oder sogar auf mehrere Länder verteilt haben. Welche gesetzlichen Bestimmungen greifen hier nun? Grundsätzlich gilt das Recht des Landes in welchem der Dienstanbieter seinen Sitz hat. Da dies aber oft unübersichtlich und schwer zu deklarieren ist (Geschäftsstellen in mehreren Ländern, etc.) muss beim Vertragsabschluss mit dem Dienstanbieter unbedingt der Passus integriert werden, dass deutsches Recht als anwendbar erklärt wird. Die dann maßgebliche Gesetzesgrundlage bei der Verarbeitung von personenbezogenen Daten, ist das Bundesdatenschutzgesetz. Dort wird in §11 Abs. 1 BDSG festgelegt, dass bei Erhebung, Verarbeitung oder Nutzung personenbezogene Daten anderer Stellen (z.B. durch den Cloud-Dienstanbieter), insbesondere der Auftraggeber (hier die Behörde) für die Einhaltung der Datenschutzvorschriften verantwortlich ist. In § 11 Abs. 2 Satz 4 BDSG ist ferner geregelt, dass der Auftraggeber die Einhaltung der organisatorischen und technischen Maßnahmen zum Datenschutz regelmäßig zu überprüfen hat. Zusammengefasst bedeutet dies, dass der Auftraggeber die Verantwortung darüber hat, dass die personenbezogenen Daten vom Auftragnehmer (Dienstanbieter) gesetzeskonform behandelt werden. Die Hauptverantwortlichkeit liegt also prinzipiell beim Auftraggeber, sprich hier der Behörde welche den Dienst in Anspruch nimmt.

Wie aber kann eine öffentliche Verwaltung die Einhaltung des Datenschutzes durch den Dienstanbieter entsprechend gewährleisten? Das Bundesamt für Sicherheit in der Informationstechnik (BSI) hat in ihrem IT Grundschutzkatalog einen entsprechenden Baustein[9] entwickelt, welcher die Gefährdungspotenziale aufdeckt und passende Maßnahmen beschreibt. Neben der obligatorischen Verpflichtung des Dienstanbieters zur Einhaltung des Datenschutzes müssen auch organisatorische Mängel (durch passendes Notfallkonzept), menschliches Fehlverhalten (Kennwortrichtlinie, etc.) oder technisches Versagen (keine redundante Stromversorgung, etc.) ausgeschlossen werden. Dabei unterscheiden sich die Maßnahmen nicht allzu sehr von denen, die bei sonstigen genutzten Webservices angewandt werden.

Beispielhaft möchte ich zwei Maßnahmen ansprechen, welche das BSI bei einer Cloud Nutzung für zwingend notwendig hält. Zunächst sollte der Auftraggeber, dies ist in der Regel der Behörden- oder Fachbereichsleiter, eine entsprechende Cloud – Nutzungs – Strategie erstellen.[10] Diese beinhaltet im Wesentlichen die strategische Entscheidung zur Nutzung von Coudservices und das damit meist verbundene schleichende Outsourcing der hausinternen IT - Dienstleistungen. Auch sind darin der Serviceumfang, die Ziele sowie die angestrebten betriebswirtschaftlichen Veränderungen, auch als späterer IST/SOLL Vergleich, zu dokumentieren. Gerade für den Bereich des Datenschutzes, ist das Erstellen einer entsprechenden Sicherheitsanalyse essentiell, da Daten zum Anbieter ausgelagert werden und der Schutzbedarf und die Tauglichkeit des Dienstanbieters in Bezug auf den Datenschutz dokumentiert werden muss.

---

[9] Vgl. BSI IT-Grundschutz-Kataloge, Baustein B 1.17, S. 161
[10] Vgl. BSI IT-Grundschutz-Kataloge, Maßnahme M 2.534, S. 2695

Die zweite Maßnahme, ist die Erstellung einer Sicherheitsrichtlinie für die Cloud-Nutzung.[11] Dieser Vorgang fällt in den Aufgabenbereich des IT-Sicherheitsbeauftragten bzw. des IT – Leiters. Er regelt hauptsächlich die bereits in der Cloud – Nutzungs – Strategie festgelegten Sicherheitsaspekte und verfeinert und präzisiert diese. So werden hier die Sicherheitsanforderungen an den Dienstanbieter (Standort, Prozesse, Datenablage, ggf. geforderte Zertifizierungen), an das Bereitstellungsmodell (Zutritts-, Zugriffs- oder Zugangsrechte), aus relevanten Gesetzen (BDSG oder evtl. EU-Recht) sowie an die eigene Institution (Kennwortrichtlinie, Berechtigungskonzept, etc.) definiert. Der IT-Grundschutz-Katalog umfasst noch weiter wichtige Maßnahmen, hier aber alle detailliert aufzuführen wäre zu umfangreich. Der IT-Grundschutzkatalog, steht auf der Webseite des BSI kostenlos zum Download zur Verfügung.[12]

Die Einhaltung und Durchführung der dort angesprochenen Maßnahmen sind für die Behörden verpflichtend, müssen/sollten aber auch in Unternehmen Berücksichtigung finden.

4. Fazit und Möglichkeiten

Die Entwicklung des Cloud Computing als neue Standard - Computerarchitektur ist nur noch schwerlich aufzuhalten. Die Vorteile der Zentralisierung und der damit verbundenen effizienteren Ausnutzung von Ressourcen überdecken die Schwächen in den Bereichen Datenschutz und Transparenz. Gerade aber diese Lücken müssen für den Einsatzbereich in der öffentlichen Verwaltung noch angepasst, bzw. geschlossen werden. Das Assignment steht zwar unter der Prämisse des Datenschutzes, nicht zu vergessen sind aber die wichtigen Punkte in den Bereichen Verfügbarkeit und GREEN-IT.

Insbesondere das Vorhandensein einer funktionierenden Infrastruktur im Katastrophenfall muss zwingend gewährleistet sein. Dies gelingt aber nicht ohne die Bereitstellung einer lokalen Systemumgebung. Arbeitet die Behörde ausschließlich mit ThinClients, welche „nur" eine Verbindung zum Mainframe

---

[11] Vgl. BSI IT-Grundschutz-Kataloge, Maßnahme M 2.535, S. 2699
[12] https://www.bsi.bund.de/DE/Themen/ITGrundschutz/itgrundschutz_node.html

aufbauen, steht die Verwaltung still sobald die Verbindung unterbrochen ist (z.B. durch Erdarbeiten). Im Katastrophenfall müssen aber zentrale Dienste wie z.b. die Kommunikation per Mail (lokaler Exchange-Server) zur Verfügung stehen bzw. der Zugriff auf wichtige Daten wie Pläne, Checklisten etc. möglich sein.

Der andere Punkt sind die Energieeinsparungen, welche durch die bessere Auslastung der Ressourcen entstehen. Oftmals sind auf einem Server nur einzelne Anwendungen installiert und diese werden auch nur sporadisch genutzt. Warum also nicht die Hardware nur für den bestimmten Zeitraum mieten und nicht gleich kaufen? Auch das Betreiben eines eigenen Rechenzentrums ist mitunter nicht gerade günstig. So müssen Klimageräte, Doppelböden und entsprechende Lösch- und Abluftsysteme beschafft und gewartet werden. Ganz zu schweigen von einer USV-Versorgung bzw. eines Notstromgenerators.

Ob die Cloud nun besser oder schlechter ist als bisherige Modelle im Bereich der Virtualisierung kann nicht abschließend geklärt werden. Die Entscheidung hängt vielmehr vom angestrebten Serviceprofil, der Organisationsart und vom eigentlichen Nutzungsgedanken ab, d.h. für welchen konkreten Zweck möchte ich die Cloud nutzen. Durch das hohes Maß an Zentralisierung der IT, ist der Gedanke die Systemarchitektur in die Cloud zu verlagern strategisch sicherlich verlockend, muss aber ganzheitlich betrachtet werden.

Literaturverzeichnis

Hans Robert Hansen, Gustaf Neumann
Wirtschaftsinformatik 1 Grundlagen und Anwendungen, 10. Auflage, Stuttgart: Lucius & Lucius Verlag

Kornel Terplan, Christian Voigt
Cloud Computing, 1. Auflage, Heidelberg: Hüthig Jehle Rehm Verlag

Kenneth C. Laudon, Jane P. Laudon, Detlef Schoder
Wirtschaftsinformatik – Eine Einführung, 2. Auflage, München: Pearson Education GmbH

Christian Metzger, Thorsten Reitz, Juan Villar
Cloud Computing, 1. Auflage, München: Hanser Verlag

Bundesamt für Sicherheit in der Informationstechnik
IT-Grundschutz-Kataloge, 14. Ergänzungslieferung-2014

BEI GRIN MACHT SICH IHR WISSEN BEZAHLT

- Wir veröffentlichen Ihre Hausarbeit, Bachelor- und Masterarbeit

- Ihr eigenes eBook und Buch - weltweit in allen wichtigen Shops

- Verdienen Sie an jedem Verkauf

Jetzt bei www.GRIN.com hochladen und kostenlos publizieren